MW01113902

Made in the USA
Middletown, DE
26 July 2022

70041547R00070